JN411184

물소리를 밟다

정홍순 시집

시인동네 시인선 078

정홍순 시집

물소리를 밟다

시인동네

시인의 말

꽃이 슬픈 이유가 있다.

피고 또 피고
다시 또 피어
꽃이 아닌 적이 없기 때문이다.

2017년 8월
정홍순

차례

제2부

제3부

제1부

시우나무 그늘

갯가 풍어 노래 피어 넘는 안개(內浦)가 문둥이 콧등만도 못한 미(뫼)들이어도 물살 세기는 셋째가라면 서운할 것이다 강화도 손돌목, 장산곶의 인당수, 태안의 관장목 정주영이 전설을 남겼다 백화산 화강암 떠서 만든 아버지가 송장같이 누웠다던 대섬은 사라졌다 고기떼 오르던 바다 부남호에 철새들이 죽지 비비며 빠리고동처럼 삑삑 울고 있다 해조음 들으며 날씨 가늠하던 사람들, 수평선 노을 저무는 해무에서 바다의 계시 받아내던 목숨들, 땅밥의 족보를 무슨 수로 다시 쓸까 시우나무 그늘에 장대가 들었다 자고 가던 장대개, 석화 바지락 낙지 군발을 매던 해변개, 구렁뱅이 부리개, 물텀벵이 후룩후룩 먹던 사람들, 어살에 북서풍 바람이나 겨우 건지다 무슨 맛으로 땅밥이 될까

판목나루

묵아, 너는 언제 적부터 이 소리를 듣고 살았다니
너는 어느 때에 이 소리를 두고 떠난 것이라니

너의 귓구멍에는 휘몰아치는 말굽 소리
갯바닥 소리가 있으면서도
부러 귀먹쟁이 노릇하며 살았다니 믿을 수가 없다

땅 밟는 소리가 이럴 수는 없다
스쳐 지나가는 바다의 푸른 옷자락 소리
거침없다 못해 펄쩍 줌방너 넘어 쏜살같이
각시녀까지 뛰는
천수만 내포 물소리가 네 귓구멍에 있었다

네 귓구멍이 혓바닥보다 미련하다는 것은 다 안다
판목나루 같은 병모가지 비틀어 목구멍에 붓던
소주병이 질마섬처럼 하늬바람에 울어
캬—캬,
소리치는 혀끝만이 하늘을 핥는 사공아들, 묵아

노사공도 가고 장사공도 가고
주막거리도 새악시 집도 풀모가지에 걸려 없어진
나룻목 빈 말뚝에 새만 앉아 있다

묵아, 오리다리도 부러진다는 저 힘센 물살에
너의 청춘은 정말 귀가 먹었다니
소리를 뱉어라 이 망할 놈아

명주실 한 타래를 풀어도 닿지 않은
세곡 길
저 소리 한 번이면 드르니까지 푸르게 일어나던
솟대바위에 돌 하나 던지고 싶다

세평놀이

꽃바람 부는 사월초파일
한 시름 꺾어놓고 하늘도 피어나
구름이 붉게 내리는 몽산포구(夢山浦口)
세평에는 주꾸미, 꽃게가 흘러넘치고
덩달아 사람들로 성시를 이뤘다

관광이라는 말도 모르고 살던 시절
몽대(夢垈)로 한달음 하여
거아도 주조장에서 막걸리 실어다 푸고
술 떨어지면 달산에서 날라다 적셔가며
서산 태안 술잔이 둥둥 떠
하루쯤 죄다 모이던 포구에 처음은
이름도 없어 목 건너 목 건너 부르던 안목도
해송 사이로 황혼이 물들면
입항하는 어선의 화폭에다
홍건히 주배(酒杯) 띄우며 물씬 놀던
일몰의 풍객이다

바다로 아침 해 맞아들이고
바다로 저녁 해 작별하는 남면
일출하는 저 대암은 남면의 칠경이고
안목도 낙조는 몽산 칠경으로
망미(望美) 몽산포구가
서해 포구의 절경 중 제일이다

안목도 갈매기 알이 푸르스름하게 뒹굴고
솔모랫길 따라 몽산포, 달산포, 청포대,
마검포, 백구지 장벌로 넘치는 사람들
푸른 꿈의 길이가 삼십 리
흰 모래가 펼쳐진 동양 제일의 세평머리는
오늘도 꿈길에 천년의 집을 짓고 있다

---

*세평이란 사람들이 많이 몰려들어서 나온 이름으로 몽산포구를 세평, 망미라고 불렀다.

해당화

뗏마만 한 거북이가 죽어 자빠진
모래톱에 드문드문 살점 발라간 발자국
포개진 구덕에 쉬파리처럼 하루 종일
곯아가는 등껍질 타고 방장 떨다
때꼽재기 몽창 씻어놓은 갯물이
벌게지던 나의 바다 저녁 이부자리에는
해당화가 너풀거렸다

그전부터 마(麻) 장사치들이 장시했다고
마근포(麻斤浦)라 부르다가 천연스레 물너울 막던
방파제라서 막음이라고 마금포라고도 했다가
도적떼들이 바다에 칼 갈아 훈련했다고
마검포라 부르는데 누가 알겠어만 흔하게
마근개로 갯바구니 들고 다녔으니

원청리 덕바위 용궁 앞에서는 그저 동산 하나
건넴이 바다였다

날이 흐릿흐릿 비바람 치면 꺽어 우는
상여 소리 간간하여 거아도 북소린지
마근개 요령 소린지 바지락 주둥이 칼 물고
움츠려들 때면 해당화가 물씬거렸는데
궁 앞 새악시 몸 던져간 혼례청 꽃이었음을

장군뻘 달리는 바람칼은 꽃 동가리 베자치고
거북이 붉은 눈에 흘리던 깽마루
사랑은 꿈결같이 마근개로 사근사근 익어갔다

---

*마검포: 태안군 남면 신온리.

남면주재소

순사 기무라(木村)가 게다 딸각거리던
달산(達山)에도 1930년대가 있었다

설 끓인 물에 덤벙덤벙 당근
발목쟁이 털 손질하려고 틀어쥔 기무라
천벌 나게 걷어차고 달음 친
수탉의 발가락 끝에 닥다글닥다글
달라붙은 세질목(三道項)이 있었다

“여보오, 병아리 아부지 빨가벗고
왔다리 갔다리 하는 것 못 봤소?”

분명히 우리말을 한 것인데
기무라 앞에서 허벅지게 박장하던 그날
주재소 죽 그릇 핥은 놈은 없었다고
순사 앞에서 두 날개 펄쩍거렸던 닭과
기만의 포효를 널름 삼킨 날이 있었다

"어허 그놈 참 목천이 닭 잡듯 허는구먼!"

나막신 베어낸 오리나무 그늘에 묻힌
게다 소리
입천장에 붙었다 떨어지는 틀니 소리
중도 실패하는 꼴에 여지없이
이라고 혀 차는 소리 한 수저 떠넘기던
달곶(達串)이가 걍 달산이 아니었다

---

*달산(達山)은 월고지(月串)의 취음으로 태안 남면 소재지 마을이다.

날근터

당숙모가 앉았던 자리 뒤 본 자리는 콩깍지 밟고 흘린 불그스름한 꽃이 피었기에 허연 궁둥이보다 어디 아픈가보다 못 본 듯이 얼굴에 핀 웃음꽃이 참 이상도 하여 도리깨 맞아 튀는 콩마당은 햇살이 자욱하였다

느르섬이 노파리 신고 찰박찰박 걸어올까

엊그제 초상 친 상엿집에 할미새가 날아와 팔랑팔랑 갯물을 불어내고 나문재 붉어지는 낮바닥이 당숙모 세면소 싸릿대에 걸린 수건처럼 푸른 울타리 촉촉이 슬프던 꽃이 젖어 나갔다

제대한 당숙 붙잡고 신접살이 제급 나 시작한 날근터 당숙모 황토밭 푸른 해풍에 키운 개구리참외 쩍 갈라 사리처럼 타는 맘 받아먹을 때마다 토방에 뱉어낸 누런 씨, 씨가 마를 때까지 너스레 떨다 외양간 소밥 주러 한달음치곤 했다

당재산이 마고자 입고 흔들흔들 걸어올까

솔가리 타는 굴뚝 굴뚝새가 밤을 물고 들어서고 낡은터 구대에 두고 온 당숙모 해 가차운 곳에 살아도 다들 날근터 낡은터 구축처럼 부르던 후망재 기슭 아래 노후기(老朽基)에 묻고 온 당숙모 낙은동(樂隱洞)의 당숙모, 당숙모 같은 정금나무가 가을 치며 까맣게 익어갔다

느르섬에 풀어진 노래

오월 무덤에 네 이름 있었으면

어려서부터 허약해 오줌싸개였던 능교야
지린내 너풀대던 바짓가랑이 벌리며
소주병도 차고 잔 적 있었노라
너스레떨던 놈아
네 기침 소리 까무러치던 저녁이 출렁인다

인천인가 성남인가 명절이면 찾아와
시치름하게 유행가 구성지던 물건아

오월 하늘에 파란 얼굴이었으면

약 한 첩 제대로 천신하지 못하고
밤마다 살려 달라 이불 적시며 울었다는데
느르섬 일찌감치 폐병 가라앉히고
돌멩이 집어던지며 뱃길이 된
능글능글한 놈아

네가 남긴 싸구려 노랫가락 한 자투리가
비릿한 지린내로 수문들에 풀풀거리는 밤

오월 바다에 씻은 큰달이었으면

주막거리

술 한잔하고 싶다 고향 친구들이랑 빨갛게 취하고 싶다 아이스께끼 돌려 빨아가며 땟국 섞어 노닥거리다 팔짱 끼고 겅중거리던 그 길에서 술 한잔하고 싶다

목로에서 마신 술은 잔대로 값을 쳐주고 세 주전자가 기본이라는 주전자 술에는 안주가 따른다 하였다 진산 두목구지, 윗주막, 아랫주막, 몽산 몽대포항, 신장 마침재, 달산 한약방 아래, 세질목, 장승재, 대산창고, 원청 큰말, 신온 납성이, 드르니, 마검포, 당암 함바위, 태안 남산 대문다리 주막이 번창하던 왜정 난리를 먹어보자 한잔 술에 인심 팔아먹을 귀신은 떨쳐두고 고수레 넘실거리던 그 소리 바리데기 한 줄 읊을 줄 몰라도 죽어죽어 넘어갔던 혼불이 득실거렸던 술 모가지 걸어둔 주막 막사발을 들고 싶다

용수 쓰고 이슬 된 아재비꽃이 밝는 날 독 속에 질러둔 용수 서늘한 아재의 머리통을 건져내고 싶다

거울섬 거아도(居兒島)

서복이가 불사약 찾으러 삼신산 한라산으로 가다가 눈에 비친 달빛 바랑 짊어진 저 섬에는 있을 테야, 하고 내려준 처녀총각이 불로초 먹고 늙어도 아처럼 살았다는 거울 같은 섬, 서울로 가신 총각 선생님 동백꽃잎 붙여 발신하고 울먹이던 큰말 솔월래 떠난 폐촌 사람들, 짓물러 돋아나는 팽나무 이파리 당샘에 씻어 씻어서 돋는가 삼월이면 낭장망 멸치어장 깃발이 춤추고 속때기 돌김 난도질하는 도마 소리 노을 메던 남봉머리 배녀에 쳐놓은 그물, 도다리 선매하며 천해 서남풍에 누던 고구마 똥을 달빛이라 하랴 탑 할머니 간짓대 목에 흰 창호지 두르고 앉았던 팽나무 아래 그 수심을 어느 그물 어느 바람에 다시 실어갈까 충남이의 고향 이름들을

＊거아본도는 1987년 7월에 국방과학연구소로 소유주가 바뀌면서 500년간 거주하던 민가가 철거되었다.

도리깨질

휘추리 돌아간다
도리깨치마 매달린 도리깨아들 돌아간다
콩마당 상도리깨 애벌치고 돌아서면
곱도리깨 재벌 떨어가자
찝꾼*아 새 나지 않게 밀어 넣어라
물푸레 쭉 뻗은 소리
모출한 감태나무
휘추리 돌아간다

꽂이 난다
꽂이 난다
독살 대가리 물 수평에 올랐더냐
물괴기 펄펄 노루미재 넘보는 것 봐라
사둘 서둘러 부괴 차게 밀어야 쓰것다
갯담에 꽂이다
석방에 꽂이다

적돌강**

나문재 하도 먹었더니 휘추리 허적인다
천수만 능쟁이 똥이 사람 똥이더냐
염벗***아
똥자루 조려 화염포대 간 떨어지는 소리
독살괴기 듣고 숨을는지 모르것다
어서 치자
꽃이 난다
꽃이 난다

---

* 찝꾼: 긴 막대기로 이삭을 한복판으로 밀어 넣어주는 사람.
** 적돌강(積乭江): 천수만의 다른 이름.
*** 염벗: 소금 굽는 사람.
**** 독살, 갯담, 석방은 돌담장을 쌓아 하는 어법의 같은 이름.

곰섬

달 밑에 앉아 길조로 울던 부엉이
삼배 산에서 울면 독살에 고기 많이 들고
북쪽 산에서 울면 마수 없다 차버리고
부엉재 바위 새벽 꿩 울어 날씨 좋은 날
까나리 하얗게 배자치고
솔밭 아래 말라가는 곰섬
청어 살 맺던 독대풀 말뚝과 돌들이
갯물 움켜쥐고 멱살잡이하는 동안 그간 정정하던
강씨 영감 목구멍에 샛바람이 깊어
둠벙은 한 자 더 깊어지고
천순이만이 빠뽕(밥봉) 독수리 둥지 염탐하며
보리수 가닥치던 곰섬(熊島)에 곰은 없다
납성이 신성(申城)에 원숭이도 없다
노간이(鹿)에 사슴도 없다
바람결에 백골로 싼 사구 길바닥
할미섬, 장구섬, 밖곰섬, 불태섬, 안곰섬
하얀 모래 낮바닥에 부비며
달랑게처럼 모래성 쌓아보지 않고는

메꽃처럼 피어보지 않고는
도마뱀처럼 달음박질쳐 보지 않고는
개미귀신처럼 숨어보지 않고는
사리 때 뭍으로 오르는 곰을 볼 수 없다
질마섬(鞍馬島)의 말을 볼 수는 없는 것이다
조금시라 해도 조급하지 마라
염전에 갯물이 소금꽃이 되듯이
짐승들로 해석(海石)이 되듯이 장구섬(長鼓島)이 두―웅
각시녀 엘레지 쳐내는 장단을 들어야 한다
오롯이 서서 솔끝이 소나무처럼
비틀어 눈을 트고 귀를 열어 해식의 노래
당신의 그늘만이 그늘에서만이
곰은 씰룩씰룩 백구지를 달릴 것이다

삼밭골

삼밭골저수지 부들가지에 잠자리가
허물 벗어 걸었다
깨벗어 신난 애들이 물풀에 콧잔등 거는 동안
올메기 아카시아 바람꽃에 젖은 소들은
뱃구레 꽃물이 가득하여 졸음이 오고

새우난 논머리 박달나무 꽃이
업어 업어서 피면
잠자리 쌍쌍 업고 노는 하늘 저 삼밭골 산으로
백구가 펄펄
진 송장 쓸 수 없는 산마루 고갯길에
상복 하얗게 뿌려놓고 우는 까닭을
노간이 마파람쯤으로 넘기고
나날이 벌이 나비벌레 새끼 업고 가서
제 새끼 삼듯이
날 닮아라 날 닮아라
젖은 날개 말리며 업고 이륙하고서야
명줄에 수를 짜 크고 크다 한 아버지

등마루
사람 사는 수가 나오는 삼실같이 긴
철거덕철거덕 걸어 짜던 밤
지친 등잔이 파르르 연기 날리며
아침 새 되어 날아가던 마전동(麻田洞)
날콩풀 냄새가 코끝을 매었다

---

*삼밭골: 태안 남면 신온리.

간식놀이

굴뚝뻬비 훑어먹고 검댕이 개칠한 공수부대 군인들마냥 냇둑 싸돌아다니다 벌겋게 무너져 나자빠진 산모랭이 박쥐처럼 달라붙어 붉은 황토 찐득찐득 파먹다 보면 해는 중천에서 서성거렸다

바람막이 뚝 시영뿌리, 띠뿌리, 돼지감자 뒤지고 송기(松肌) 먹으러 어린 소나무 장순 탐내다 날이 풀어지기 시작하면 목화송이도 요절내는 통에 병신소나무 산판의 눈물과 칠보단 이불은 꿈에도 모자랐다

걸핏하면 서리하다 보리꺼럭 목구멍에 걸려 죽어 자빠지던 뱃구레 거시우는 소리가 꾸룩꾸룩 들리고 밭둑에 오른 산자고 캐먹다 예사 마빡 터져도 눈퉁이 없는 괭이를 나무라지 않았다

그냥 몇 번 훌쩍거리다 눈물도 아껴먹곤 하였다

익모초

뒷간 썩은새 한줌 빼내서 연기 쐬며
소금 뿌려 두드러기 다스렸다

검댕이 한 순갈 노른자에 찍어
조앙 앞에서 먹이던 어머니
토사곽란쯤 물러서지 않았다

완력으로 들이대던 익모초
절구통 풋내가 토방에 뒹굴던
때로는 삼킬 수 없는
사랑도 있었다

붉은 꽃만 봐도
쓴물이 와락 밀려오는
청초한 자락에 젖어들던 사발

똥구멍 해지도록 마시고 싶은
여름 배앓이가 사르르 도지고 있다

누비

1

통영 김밥이 맛있다 소문나
지나다 들른 것도 아니고
일부러 김밥 찾아 행선한 길에
누비가 더 낫겠다는 감을 잡고
접안한 삼도수군통제사 격실에 들어가
내 뱃속에서 밋밋하게 돌아다니고 있는
밥알과 한시도 가만히 있지 못하고
박음질해대는 바다
한 땀씩 홈질하는 바늘과
노 저어 바친 전장의 손바닥
푸르게 펼쳐진 고종의 누비저고리
잔누비 저고리
대한의 이름으로 예서 겨울을 감싸 입고
개심한 바닥에 너울너울 크는 햇김 또한
자적색 운문숙사가 아니었으랴

2

부딪쳐 속 타는 것들이
뒤집어보면 흰색 명주 안감이던 것을
세상이 버린 헝겊쪼가리 누덕누덕 기워
화장이 길구나, 길어서 손을 덮어주고
반달의 깃이라, 둥글게 감싸 들고나는
섬들을 안아주니
납의(衲衣)선사 앞에서 신심이 한 자나 길어난다

3

오목누비 중누비 세누비
세중누비 잔누비 납작누비
동지 지난 서해 김발에 햇빛이 한 자는 자라고
누비진 바람에 도마 소리 조탁조탁 깊어
짚 건장에 대꼬챙이 손으로 마름하는
사각자대 침선장의 솜씨 뜨는 저드래
겨울 후망재 바람에서만이 한 속을 기울 수 있다

4

소나무 말뚝 지주에서 나온
느르섬의 오목누비 하나쯤
저녁이면 골덴바지 개듯 한 장 한 장
호롱불 끄름 마시며 한통 쌓은 벽장 앞으로
달착지근한 대가지 향내 뿌리치고
눈물로 적시던 라디오 극장
밤이 길어지면
고드름은 한없이 끝을 밀어
닭의 소리로 한 채의 초집을 만들어냈다

5

원산도 개우럭젓국에 찍어 먹은
파래김밥이 영목 나루에 올라서면 또 생각나
적송에 싸놓은 눈길에 잊으려도 못 잊어
정월 초이튿날 황도에 오르는 종이꽃들이
알록달록 피면 그제서야
"어야디어차 어시렁댔구나"
붕기(鵬旗)타령*이 홰나무에 걸치는데

한통 김 빈손으로 돌아온 아버지
억장이 무너져 내리지만
흙손 들고 발라 논 황토벽만은
대오리에 짱짱할 거라 선방하는 아버지에게
따뜻한 김국으로 달래는 어머니
대한 추위도 골무 하나로 기워나갔다

---

*황도붕기풍어제: 충청남도 무형문화재 제12호.

조새

기둥나무에 박혀 쌈박이(종질개)*가 못 쓰게
조새는 얼마나 빈집을 지키고 있었는가

도투마리 밖에 있는 굴
대섬 밑으로 있는 굴
천수만에 있는 굴은 나룻개로 오너라
석화야 부르면 으─응
정월대보름 해변에서 듣던 할미새가
담 너머로 굴부르기 섬섬 치고

진달래 피기 전 퍼렇게 독 슬기 전에
함박 이고 숨은들(잠은여)로 가자던
처녀애들은 등바루놀이** 두고
돌방 같은 신방으로 갔는지
풍물이 고요하다

간월도 옹동할매 돌멩이마다
등불 켜 줄는지 몰라

천년 거슬러 고려도자기 완도선 타고
돌꽃 따
처녀의 성년식 올리던 저 한 마리 새

암새여 날을 빼
물때 밖 굴눈 아래 연하를 도려내서
굴탑 쌓고 오랜 무덤으로 들어야 하리

---

*손잡이 끝에 달린 갈고리 모양의 쇠꼬챙이로 굴 알맹이를 빼내는 데 쓰인다.
**음력 3~4월에 날을 택해 여성들이 홍겹게 굴을 따며 일하는 형태의 놀이.

나비

서해 남면은
거만하지도 천박하지도 아니하며
천천히 마음 써주는 바다
몽산포 청포대 마검포 곰섬
삼십 리 길 모래바다
해당화 차려입은 언덕 아카시아
살랑살랑 흔들어대는 바다
해송 가랑이 사이로 늦은 해 깨작깨작
넋을 빼가는 바다
거아도 뱃고동 갈매기 춤추고
양조장 차 따라 달리던 달랑게바다
용궁바다
별주부바다
연애바다 처녀바다 누드바다
여인바다 각시바다 갯것바다
너울바다
알짱알짱 춤추다 멋쩍어 숨는 나비야
난 그만 훌러덩 웃는다

돼지떡

이월 바람에 날이 서서히 풀어지는
초하루 영둥날
식구들 나이 합한 수만큼
쌀되서 떡 해먹는 날
빈 볏가리에 숟가락이 건들거리며
덩덩 덩더꿍 장구머리 흔들어대면
떡살 소금처럼
"초저녁 서쪽으로 떨어져 가는
갈고리달은 별을 달고 가며
새벽 북쪽에서 불어오는 칼바람은
눈을 썰어 내리"*는 하늘
시루떡 하얗게 익어
소반에 엎어지던 날

---

*남면 심산(沁山, 1891~1953)의 시문을 빌려 씀.

돼지오토바이

사촌의 외삼촌이 몰던 오토바이 타고
수퇘지가 씨 팔러 다니느라
촐랑촐랑 흔들릴 때마다 고샅길에는
묽은 똥 지르르 고성 치는 거품자국으로
아침을 깨우곤 하였다

소재지 운동회가 있는 날
매구 소리 한창 깽깽거리다
앵앵대는 오토바이 깃발 쳐들고
청포대 거북바위 한 바퀴 돌아오는
경주가 벌어졌다

돼지오토바이도 대열에 섞여
냅다 장벌돌이 뛰쳐나가고
반시간 넘어 선두로
교문 통에 나타난 털털이
모두 만세 만세를 외쳤다

물 빠진 모래밭 시오리 갯바닥
달리고 달려 거북바위 돌아온 오토바이
세모래 길 헤치고 털털거리던
우리들의 일등
천치들의 이야기가 발발거리고 있었다

---

*청포대 거북바위에 별주부전의 유래비가 있다.

해의(海衣)

짚가리 옆으로 나래 엮어 세운 둥치가 배추포기 같아서, 겨울 오기만 기다리다 나래 끝에 달린 고드름 도르르 흔들리는 저녁, 노란배추쌈 토장 냄새가 물씬한 지붕에 앉은 함박눈 참 따뜻하였다 집집마다 옷 해 입고, 해거리 입동 삼동 댓바람에 갯바위가 껴입기 시작한 물구덩에는, 거뭇거뭇 구레나룻이 자라 아버지 수염도 겨우내 길어나고, 질마섬에서 져온 추녀마루에 한 목씩 집어 말린 말, 방울 하나씩 터트릴 때마다 별은 톡톡 노랗게 피어났다 눈길 버선 젖도록 오시던 적돌 고모가 오실까 쳐다보며 파르르 사립문 잠그다 생각나던 초무침, 갯바위 뿌리 대고 핀 꽃을 먹을 때마다 오독오독 입이 열어졌었다 장롱 좀벌레처럼 해의자락 갉아먹고 싼 똥, 겨울 아이가 던진 물수제비 날개 끝에 달콤하게 흘러나던 갯바람, 이담에 꼭 한번 입어볼 수의(壽衣)이고 싶다

제2부

조기젓국

죽은 식구 끼니 챙기는 날은 손 푼이 곱절이나 깊어 붓끝으로 흘러내리는 먹물길이 깊어 물려낸 식은 밥덩이 철질한 것들 조기대가리 죄다 먹을 때까지 축문과 지방 사른 불꽃에 오래 남아 깊은 기억 속으로 타는 맛 입이 배우고 기억한 기일의 일이다 의식이 예절 되기까지 생전 입으로 호사 엄두도 못 내던 것까지 모다 구전의 기억들이다 죽은 식구 위해 차린 날것이래도 익은 것들 슬픔도 점점 덤덤해지는 것들 남은 조기대가리 바작바작 끓여 젓국 상에 둘러앉은 식구들 한참 건너서 개여울에 밀려가는 얼굴 초승달이 파르르 깊던 여름밤

---

* 우럭젓국으로 많이 알려졌으나 사실은 조기젓국에서 연유한 것으로 태안지방의 토속음식이다.

땅에 귀를 기울이다

해가 귀를 묻고 있다
해당화 길게 배웅하는 백수해안도로
바다 건너 닭 울음 따며 자라난
보현보살의 귀 달여 마시고
잠이 더디게도 오는 영광 앞바다

자사호의 붉은 빛이 어리어
고랑에 물이 찰랑찰랑 차올라
돌멩이 낯바닥 허옇게 거스름 한
물의 수염 깎아대는
아배의 가위질이 능숙하다

저만치 불어온
칠산 아가의 배냇머리
펄펄 뛰며 떠난 어매가 자맥질하는
모래미 옆구리 치고
백바위 틈바구니에 피어나서

푸른 너울 소리 귀 묻고
밀대에 산이 되랴 염전 바닥으로
기다리던 꽃
북두성 이끌고 죽어 자빠진
사승도 없는 칠산이의 봉분에
쑥부쟁이가 하얗게 엎어지고 있다

구들장

구들장 빼내 무너진 농로
석축으로 썼다는 말이
고향 누가 죽었다는 말만큼이나
아픈 부고다
아버지 환도에 핀 구들의 꽃
식어버린 방고래
난방 평수가 계산이 된다
바람에 문질러 늙은
돌배나무가 피운
꽃의 무게가 그러하듯이
아버지가 놓은 구들의 연식이 짚어진다
구들장 져 나르던 길바닥
드르니 애들이 책 보따리 메고
모락모락 다녔다
발바닥에 돌독 피어
절름절름 울어 배운 공부
불더미에도 주저앉지 않고 훈훈할
친구들의 안부가 사르르 고프다

숭어

갯물이 거품 물고 수문통에 오르면
펄펄 뛰며 숭어 떼
갈마지 갯고랑 차지하고 올 즈음
붉은 뱀게가
설렁설렁 식성부리는 짓이 밉상이었다

뻘 파먹고 사는 것들
일 년 만에 뻘 속에서 파내 만든
참나무 절구대로
절구통에 딸린 식구들 뱃구레가
수문통처럼 텅—텅 거렸다

진질 밭에 물이 들면
모쟁이 떼처럼 우르르 공중제비 날아
뻘 칠하며 듣던 갯고랑 소리
진질꽃 물고 돌아가는 소릿재
흉악한 보릿고개
도깨비 소리가 들렸다

꿩

해질녘이면 대밭으로 날아드는 비둘기
산꿩이 서로 올라타 휘어진 달빛에
뒷문 병풍 속으로 기어든 장끼가
까투리 꺼병이 이끌고 열여덟 매 긴 꼬리
부젓가락처럼 불씨 흔들며
공단이불에 대가리 박은 화로가 식어갔다
섣달그믐 밤
하루네 헤쳐 먹은 모이주머니에
빨간 찔레 열매 마른 꼬투리 졸라매고
눈썹 세는 세밑 뒤적거리며
노래 한 수 뿌려놓았다

"꿩 꿩 장서방 뭐 먹고 산가"*

백제 주저앉히고 하루에 쌀 여섯 말
술 여섯 말 꿩 열 마리 먹어치운 김춘추
식탁 아래 슬슬 기어가는
우각(羽角)의 그림자가 끄덕끄덕 우는 밤

날개 푸덕이며 뒤채는 대밭에
눈은 한질이나 내리고
소나무 가지 딱딱 부러지는 소리
농기깃대 매구자리 동구 밖에 묻혀 있는데
저드래 큰 고랑 삼동 긴긴날
둥근 날개 너는 어찌할거나
등적색 고인 가슴 너는 어찌 살거나

---

*호남 일대의 전래동요.

당암포구

북 지고 정월이면 보름쯤 나가
굿 치고 오는 막내숙부 두루마기 깃이
솜대 잎처럼 나풀거렸다
개목쟁이 끝으로
큰 바위 노송 둘러싼 당산에서
서슬 퍼런 포구의 바람 둘러쓰고 오는 길
북채 가만히 만져보고 싶었다
나도 두드리면 보리 모가지가 금세 오르고
얼음 든 황톳길이 녹아내릴 것 같아
북통 안고 더듬거리다 보면
바위 핥아내는 들물,
창말 군사들의 노래,
주사창(舟師倉) 배 거는 소리,
문풍지에 섞어 메지는 밥상 앞에서
숙부는 게국지를 맛있게 먹곤 했다
천연방파제 물속에 쓸어다 넣고 나서
간월도, 황도 나룻배 묶어둔 날물에
굴밥집들이 들어서기 시작하였다

기지창에 부는 업소들의 환풍구로
생굴 삶아내는 밥 냄새가
솔솔 불어 배창시 긋하고
숙부는 내포좌경굿 무형문화재*가 되었다
파도가 적은 내륙포구
우럭, 광어, 흑도미, 숭어
횟집이 생겨 이 또한 관광명소가 되었고
귀 떨어진 대암바위는
날마다 숨은여 뱃길 다치지 않고 오길
빌고 있는 나의 명소이다

* 충청남도 무형문화재 제49호 내포앉은굿 보유자 정종호 법사(2013. 12. 1. 지정)

노작

태어날 테면
쉰 살 나이 터울로는 아버지의 자식이 되지 말고
적어도 어머니의 쉰둥이는 되지 마라

늦된 농사
갈아엎던 폐농 때마다 술이 늘던 아버지
종자 뒤웅박이 텅텅 빌 때마다
뿌리까지 쏟아져 이빨주머니 배불러 차던 어머니

천리 밖 동부꽃이 피면
동부 읎어 밥하는 어매 생각에 울지 않으랴
갯둑 이슬치는 풀이 퍼렇게 자라 오르면
깔 짐 지는 허리 굽은 아배 낫질 슬프지 않으랴

천륜의 강이 고비지게 넓어도 원통하고
눈물 같은 강에서는 울림 한통 서럽다 무덤 되고

함부로 밟지도 못하겠더라

너른글

낚싯배 타고 거아도 밖으로 나가면 바다가 달라진다 진태미같이 쌓인 푸르다 못해 검은 물길이 몇 질인지 놓치고 만다 바닥에 깔려 있는 바위, 글의 거침에 생선 크기가 달라 너른글로 안흥, 몽대, 백사장 배들이 몰려들어 여름마다 보구치 성시를 이루었다

칠산도에서 북상한 보구치 떼 철쭉 피는 소만 사리 때 오기만을 기다린다 뽀각뽀각 하얗게 뒤집어지는 소리, 참빗질하며 꼬리 치는 여신에게 홀려보고 싶어 안달이 난다 고패질로 서서히 당기면 찢어지지 않은 여름, 배 자치며 오물오물 애까심한 보구치, 연평도까지 꽂게 따라 오르는 무른 살을 씹을 수 있었다

만조면 산의 뿌리로 가버리는 각시녀, 배녀, 가사녀, 돈녀, 난여 지나 을미도 뙤약볕 아래 펼쳐진 광대한 자리 너른글로 숨은 사랑 실팍지게 부비다 가는 보구치, 하얀 살을 실컷 만질 수 있었다

---

*간조시조차도 모습 감추고 있는 바위를 글이라 한다.

대하랑 꽃게랑 다리*

드르니로 그물 따러 가는 어머니들 다라이에
참나무 장작 한 다발씩 출랑출랑 까불어 쌌고
뱃사람들 화덕에 쓸 땔감 팔며 차지할
중선배가 궁금하기만 한 마중 한나절
자질구레한 장작더미 햇구멍에서 잘 말랐다

백사장 건네는 철선이 막차 싣고 떠나도록
그물 일이 남아 재촉하는 선주들의 목소리가
끼룩끼룩 젖어 흐르고
밤바다 알전구 빛이 쪼르르 터지던 드르니항

몽산포에서 솔모랫길로 오는 드르니
드르니에서 노을길로 가는 꽃지
연륙교가 놓이고 사라진 바닷길에
대하랑 꽃게랑 오작교를 놓아주었다

들온이, 세곡선이 들르고 안면도 사람들이
들어오는 남면의 나폴리를 신온항이라 하던

강점기 아픈 자국이 마마처럼 남았지만
위, 아래드르니 오늘은 대하 꽂게 이쁜 말로
건너가는 연인들의 사랑이 흐른다

갑오징어 껍질로 만들어주신 밥그릇 장구
통통 두들기며 가고 싶은 드르니

참나무 장작불 끝으로 태운 노을 바다에
각시녀 바람 몰아오는 어머니
칠석같이 하루만이라도 풍년이고 싶어
마중물 뜨거운 빗줄기 다라이로 받아 지리라

---

*백사장항과 드르니항을 잇는 250m의 해상 인도교로 2013년 11월 개통됐다.

오산소(吳山所)와 양골소(梁骨所)

세상과 굴곡 없이 살아야 한다는 염원에 가장 낮게 자리한 맥, 육신 바친 농사로 대를 이었고 황천까지 받아주던 구릉 땅, 산맥의 기운만은 끊어지지 않았으면 하고 근홍 지령산 발원하여 안성 칠현산에 이르는 금북정맥한 원형질의 남면이다

검은 쇳가루 땅 오금이 흰 사구 땅 해나지 파랑(波浪)이 밀려와 사구에 쌓은 쇳가루 녹여내서 조공하던 오산소와 양골소에서 구운 소금 삯으로 장공인들 손에 쌀섬씩이나 쥐어줬던 것이다

쇳똥이 바람에 뒹굴고 소금가마가 불길에 우는 남면이여, 퇴미산 망재산 디딜풍구 소리 진산 큰말의 화염 장작 소리 고려조에 반항하던 후백제의 아우성이여, 신돈을 까부시고 죽었어야 할 이존오의 피맺힌 절규가 불고 있다

큰굿 벼락바위에 내리치는 벼락 검붉은 흙더미 불무골 골짜기에는 갈돌 톱니바퀴주먹도끼만큼이나 갈린 넋이 떼 지

어 군무하는 천수만에 가창오리처럼 다시 불어와 쌓을 파랑

언제 다시 일어날지

---

*오산소와 양골소는 철과 소금을 생산하던 곳.

**석탄 이존오(1341~1371)는 고려 말 남면 출신의 충신.

***갈돌과 톱니바퀴주먹도끼는 신석기 출토 유물.

걸레

불 꺼진 연탄 방구석에 처박혀
부러지도록 얼었던 걸레다

만리포 아버지 바다에 엎드려
돌멩이 덮친 기름 닦던
네가 장하더라

갈매기도 찾지 않는 백사장
하얀 군무에 네가 애쓰더라

겨울 바다
몸 치는 우리의 굿이 걸레였다

섬 새끼

파랑이 춤추는 마당 어머니는
바다 같은 여자
축축한 소리로 조금사리마다
달을 지고 다니던 무녀였다

눈먼 눈물이
화석이란 것을
가슴에 둥둥 뜨고 나서
내가 섬 새끼이었음을 알았다

풍년초

나는 고향 말을 신봉한다
내 귀에 새겨진 이름들이
나를 느끼며 살게 하는 혼령이시다
언어가 하나이던
시날 평지는 나와 상관이 없다
내 조상의 말, 짐승들을 부르고
산천초목을 부르고 신을 부르며 사는 말이
내게는 참말이다
가령 너무 슬픈 꽃이어서
꽃의 비녀 떼고
옥잠화를 옥자마로 불러도
나는 틀린 말을 믿는 것이다
하여 철목에 묻어와 귀화한 꽃을
망초, 개망초 하지만
내 고향에서는 신나는 나물이고
소의 밥이었다
할미초 또한
안달곶 얼크러진 시퍼런 물풀을

난 풍년초로 상속받는다
꽃가마 덩실거리던 궁샘*
매끌매끌 퍼렇게 자라는 풀 헤치고
두레박 차게 길러
고수레, 고수레 풍년을 빈다
나의 판수여

---

*안달곶 궁샘은 남면 달산 1구 이상윤가 샘이다.

뻘굴

돌에 핀 굴보다도
어머니가 하는 굴은 달랐다
뻘 파고 들앉은 굴
조개 눈처럼 눈자리 보고 캐내는 방식
살얼음 갯고랑 따라
갯손 건 어머니 덕에
굴 눈 찾는 법도 배웠다
똬리 진 어머니 등에 내려앉는 싸락눈
내가 내린 자리
말없이 차지하는 동장군 업고
한나절씩 뻘 칠하는 어머니 눈은
매처럼 매서웠다
아버지 대칼에서 나온
갯바구니 차오를 즈음
응달산 노간주나무 아래
산꿩이 끄덕끄덕 울어 자치고
꽃 한 바구니 들고 돌아서며
집으로 앞세우던 명절 상

피굴 한 사발, 굴전이 나란히 앉아
한 살 더 얹어주던 날
겨울 빛
그 속에 바위 하나 자라고 있었다

점박이네

늘어진 젖꼭지가 벗겨져
아픈데
젖 물고 나오다
검불 속으로 나자빠지며
쩔쩔매는 새끼들

젖 떼고
털갈이 끝날 즈음
노인네 살림살이 어떨까
걱정이 날래게 물려
아프다

지게초리

삘기로 파랗게 새끼 꼬아
지게초리 맺지요

엉덩이 닿게 땋아 내린 가시나
댕기머리처럼
축축한 꼬리 쳐들어
밭둑을 거나 짊어지면

밀삐 소리가 뚝뚝 거렸지요

하늘도 구름 한 짐 짊어지고
저드래 넘어오다
툭툭 흘리던 냄새가 잔뜩
비릿비릿 했는데

짐 탐하던 나는
지게초리가 미련하게 길었지요

자운영꽃

어둑어둑 다가서는 창
서로 얼굴을 들여다보다
친숙한 이름들 하나씩 불러가며
장거리전화 한 줄기에
눈물이 맺힌다

이렇듯
아는 몇 사람으로 확인된
나의 존재가
그리움이었다는 것을 알았다

그리운 눈물은 맑다
맑게 흘리는 눈이 정말 고마운

고향 무논에서는
목멘 별빛으로
자운영꽃이 순하게 피어나고
개구리들은 새근새근

꽃 베고 잠에 푹 빠져들

오늘밤
꽃들이 빠져나온 나무가 환하다

눈깔사탕

보릿고개 뚝 뚝 지나
육이오를 들을 수 있었던 것은

해당화 피었다 지고
깽마루 익어 붉어지는 백구지 장벌
멱 감고 놀다 귀신이 무서워
부리나케 주막거리까지 달려오면
짜디짠 입에다 사탕 물려주던
아재가 성대한 유사였다

빨고 빨아도 단단하던 오다마
촌놈들 아가리서 버틴 사탕은
깨질 줄 모르는 단물이었다
빨갱이였다

아재가 질겅질겅 씹으며
주사하던 난리
오래 빨아먹는 놈이 질로 손해라며

입에 알을 박던
육이오였다

계담, 귀가 먹다

귓구멍에 확성기가 들어오기 시작했다 확성기 아래 새마을운동이 새 지주로 선임되었다 이장의 마이크 소리에 계란 수가 줄었다 근면·자조·협동 리본까지 푸렁 물이 들었다 개량 천지에도 한쪽 귀는 아팠다

기침을 멎게 하며 가래를 삭인다
염증을 없애고 해독한다
눈도 밝게 한다
세균성 이질에는 쓸개를 말려 가루 내어 복용하고
백일해에는 신선한 쓸개 중에 설탕을 넣고 잘 섞어 먹는다
만성기관지염에도 이런 방법으로 먹는다

새마을운동은 유신이념의 실천도장
1974년 12월 대통령 박정희

알받이 쓸개 꺼내 왼쪽 귓구멍에 어거지로 집어넣은 무싯날 처마 밑으로 눈이 부시시 떨어지고 있었다 물릴 수 없이 독살스럽던 쓰디쓴 겨울의 이력서 바닥에 뒹굴며 닭처럼 눈

가루 파닥파닥 뒤집어쓰던 날, 귀가 먹었다 계담(鷄膽), 신선한 쓸개를 귓구멍이 먹고 점점 게양대 물텀벙이 비둥비둥 말라가듯 환골하던 녹색 깃발, 깃발 먹었다 확성기 광란 시작한 후로 양쪽 귓구멍에 닭이 푸르게 울고 있다

문풍지가 있는 방

아카시아 향이 아련히 배인 서까래 작은 방, 매흙 냄새가 서랍장 어머니 분갑 냄새 같았다 폭신폭신 분가루처럼 날리는 먼지가 햇살 타고 쇠스랑에 부러진 문살 너덜이 피었다 북해도 징용 갔다 삼십사 년 만에 귀국한 작은아버지, 손바닥 쩍 눌어붙던 문고리에 말마다 마— 마— 섞여 나오던 쇳소리, 까마득한 바람 소리가 섰던 방이다 대여섯 명씩 징발된 사내들 대필한 일본 편지 누런 봉투가 배달되고 나면 경찰이 찾아들었다 모국 방문길이 열려 사할린 홋카이도 거쳐 돌아온 작은아버지 귀국 날은 군내가 떠들썩하였다 아버지 사형제는 용케도 장수의 명줄을 엮어냈다 난리통에도 살아서 육쪽마늘 캐 엮어달고, 생강 굴에 몇 짝씩 저장해 종자 놓고, 실치탕에 막걸리 따른 집은 아버지 형제들이었다 작은아버지 사투리가 살아나자 편마비도 살아나서 말처럼 묵묵히 저승 태우고, 갈마지 갯가에 조용히 황토 문을 열었다 아버지들의 문, 나뭇결 사이로 난 아득한 방이다 늙은 아버지 기침 소리로 팔랑거리던 창호지 자락 문선에 핀 고단한 문풍지 꽃이 어머니였다

제3부

무릇

아버지 머리맡에는 애기단지가 겨울이면 꼬질꼬질한 수건을 쓰고 살았다 부정탈까봐 함부로 건드리지도 못하고 신주처럼 모시고 아버지만 살짝살짝 열었다 싸놓곤 했다 부뚜막에 놓인 어머니의 깨소금단지 양념단지 하고는 인심 품이 달랐다 졸경 치더라도 까짓것 담력이 붙어나던 날은 아버지가 새우난 외가로 제사 지내러 뒷짐 지고 까닥까닥 가시니 돈하고 송아지가 딱 맞아떨어졌다 절호라더니 단지의 비밀이 누설되려는 참 아버지 기침 소리가 동구 밖에 서 있었다 아찔한 칼바람이 정수리 치고 토방에는 고드름이 곤두박질하며 싸리대문이 바르르 떨기 시작하였다 어쩌나 나무숟가락으로 한 숟갈 불그죽죽한 꽃모가지 잡아당기듯 목구멍에 질러넣고 뒤란으로 부리나케 내빼던 맛이란 것이 코피가 주르르 흐르는 콧마루 그 아리하고 알싸하던 겨울 단지 아버지가 조청에 박아 먹던 알뿌리였다

글자를 걷다

나뭇가지 위에 붓처럼 섰다
흔들리는 그림자를 지나
마디쯤에 정지하고 나니
잠시나마 아득하다
오십여 년
글자 따라 산 것이
내가 걸어온 길이다
자간(字間)자간(字間)
바람도 봄
그림자 비켜선 햇빛도 봄
가도 가도 봄
여백 스치는 붓자리가 깊다

봄비

꽃상여 메고 이양역 지나
산에 오른다
보성역 떠난 기차가
금세 이양역 들러 가느라
공동산 아래 마을 밖에는
절룩이며 돌아가는 완행이 숨차다
서로는 말없이 기대고
봄비가 온다
춘양쯤 울며 가는 기적 소리
오늘은 이별한 게 없다
그가 떠난 철길 따라
꽃이 붉게 북상하는 중이다

입춘부고

홍매는 문 밖에 섰다

쉰둘에 쓰러진 너로 어안 빠져
붉게 피는 가지 흔들리고 있다

슬픔 물어가는 새
죄다 물고 가라

꽃은 한사코 아파도
너의 깊은 병 참으로 몰랐다

묵상하던 말씀 거두고
자리끼처럼 흘리던 목마른 밤

가지마다 꽃 치고 간 너
아무렇게나 슬퍼하고
많이 울 수 있는 날을 두었다

오십이 년

이만하면 한 무더기 될 것이라

대문에 꽂아놓은 편지

달력편지

몇 년째 그는 내게
편지를 쓰고 있다
두루마리 상소문처럼 둘둘 말아
길고긴 이야기를 건네주는
한주간이 즐겁다
쓰기 좋은 편지지도 있으련만
꼭 달력을 뜯어
편지를 쓴다
나는 그에게 답장 대신
손 한번 잡아주는 손바닥 편지가
고작이다
우리는 알고 있다
애호박이 자라고
마음이 고이면
애호박이랑 같이 주고 싶어지는
친구란 것을 안다
오늘은 조용히 놓고 간
그의 눈물을 읽는다

축축하게 젖은 애호박 꼭지에다
새우젓 치고 지져낸 바다
푸른 문장을 훌훌 떠먹는다

고무신 엎어 기울이다

고무신 신고 팔아온 발품 장흥 편백나무 숲이랑 한승원 시비(詩碑) 바다 종려나무 해변길이 참으로 오지다 신코에 묻은 시커먼 노상의 때 슬쩍 편백나무 장단지에다 문질러 걸어본 수작 발끈한 산이 떠밀어 오래된 장난으로 묻어둔 바다 수문포로 내뺐다 어느 여름 잊어버렸던 고무신 혓바닥처럼 박혀 탈골한 허연 뼈다귀로 헤헤거리며 음송하는 곡절을 들었다 시여, 바다여, 잘 있었구나 애달던 너 여기 있었구나 시인의 할아버지와 낮도깨비 겅중겅중 깨금발놀이 신통부리다 덩달아 한달음으로 건너와 문지방에 나란히 솟구치며 난 뿔

돌아보면 헤헤 또 돌아보면 헤헤 늦도록 혓바닥이 사그라지지 않고 저녁내 장난치며 하얗게 웃고 있다

풍로 1

스치는 바람에 나는
어머니의 산고 잊은 것이었다
어머니는 산고 잊으며
백발을 받아냈다
잊는다
다 잊는다
드문드문 거슬러야 할 나는
바람에 졸경 치르는 이슬이다

풍로 2

빈손으로는 못 갈 것 같았다
절산에서 공양한 공기가
이부자리에 펄럭이고 있다
오늘 들었던 말씀이
외워지지 않는다
맑은 물소리에서 일어나던
새들의 언어가 너무 투명하였다
바람이 건넌 행간에
시간이 절박한 만큼
빈손으로는 저녁 불 켜고
절산의 밤을 익힐 수 없었다
꽃이 떠나는 걸음 흔들며
읽어내던 나무들의 독경 속에서
산은 말없이 곡선 하나 펴
하산을 정중히 써 주었다
푸르게 겨냥한 화살이
길상의 과녁에 직선하였다
바람과 바람 사이

가로누어 오래된 경전에
밑줄 하나 반듯이 긋고 있다

풍로 3

이소하던 날 아침 나는
뿌옇게 김 자지러진 밥그릇 옆으로
상 모서리에 나란히 젓가락
머리 맞대놓고 떠났다
남광주시장 수저 한 벌로 뜬 첫술은
사냥 성공한 물닭의 솜씨였다
목구멍으로 치솟아 오르던
밥알을 넘기려고 고개 꺾을 때
천장에 붙은 파리똥이
별처럼 눈부시던 밤
천천히 꿈속으로 풀어지던 나는
알을 낳고 있었다, 그 후
빈 둥지구나 싶던 어느 날
겨우내 보일러실에서 지낸 사내를 만났다
봄볕에 이슬 덮고 자는 사내
게이트볼 스틱에 단잠이 턱턱 깨졌다
처음부터 다시 시작하는 타구
일번 문 돌아 집집이 돌고 돌아

아침내 처대는 노인들 성화에
벌쭉이 미소 흘리던 사내가
물 한 모금 넘기며 자리를 뜨자
바람 문이 열어지고 있었다

풍로 4

해국 한 포기 데려왔다
자식 받아 키우던 가슴에
해산꽃처럼
이제는 꽃을 안아 키우고 싶은
아배가 되고 있다
아침마다 들여다보며
이슬에 젖은 잎사귀의 파란
아직 잠들었을지 모를 바다를 만진다
꽃 향을 말아낼지 몰라도
살며시 보드란 어린 살에
코를 들이대는 행복이 출렁인다
바람에 기대어 우리는
이렇게 생을 믿어주기로 하였다
고독을 던지기보다
고독을 건져
꽃으로 다분히 살기로 하였다
꿈도 같이 꾸고
멀리 무인도 그리워하며

망망한 기억 풀어 인연한 순간을
서로는 놓지 않기로 하였다

풍로 5

살아온 것 다 글로 적으면
수십 권은 만들고도 남는다는
그녀의 인생 페이지

그녀가
글로 다 안 썼다며 담근
돌멩이 덮고 웅크린 깻잎들

한 장 한 장 잘 떼서
눈부신 여래의 시로 먹으리라

아버지의 놀이

유월의 비가
삘기 모가지처럼 허옇게 세고 있다

조심할수록 와르르 떨리는 철쭉
코끝이 벌게지도록
산막 그늘에 걸쳐 뻗은 뿌리
술 먹은 뿌리가
긴 밤을 모으다 늦게 잠이 들었다

차버리고 틀어쥐고
쓸쓸한 시들이 황토방에 날아와
아버지는 취중에 꽃들의 꿈을 꾼다

차근차근 합일수한 몸이 불어
봄이 떠나면서 한 말
세월호 삼킨 산의 뿌리 두고
아직 써지지 않은 유월의 시
울돌목 저 부표가 마침표는 아니다

벽이 쓴 시

선물로 받은
결혼 80주년 기념사진

아버지는 턱시도 차림이고
어머니는 장미꽃 한 다발 하얀 드레스에
감싸주는 아버지 손등 태우고
오물오물 웃고 있다

작은 사진은 책상에 서 있고
큰 사진은 벽을 지고 있다

벽과 벽 사이
가까운 것 같으면서도 대책 없이 멀고
일방통행처럼 벽에는
사진의 자리가 선명하다

어느 시인 말마따나
식구들이나 보고 즐길 사진이다

백 살이 돼서야 찍은 사진
어둠에 걸린 자귀나무처럼
손을 말아 세어보다 쥐어지던 주먹으로
벽을 치면서 물었다

이보다 더
훌륭한 시를 너는 쓸 수 있는가

다시 땅으로 돌아가라

절망의 신호처럼 땅거미 지는 창가에서 데면데면 신문을 접쳐놓는다 신문이 접질려 부러지는 소리 들리고 겨우 버스럭하는 소리였지만 햇빛 쓸어낸 동지 하늘 별이 돋기 시작했다 저 별에서는 이 땅의 빛을 알아낼까 지면마다 불안한 수식어가 깔린 해거름 옆구리 신문 끼고 고개 접어 이 밤도 잠청하러 가는 사람들, 더러는 쪼가리잠 속에서 불멸의 탄식으로 팔 풀어 돌아눕는 이 땅 어둠을 알아낼까 빈손이라는 것을 우리는 기억한 것일까 한 주먹 꿈보다 모든 것은 끝이 있다고 희망한 그가 구겨져 있는 저 바닥 얼어붙는 땅을 잊을까 오늘도 시신처럼 수습하려 했다 땅 위에 있는 거창한 것들 접으며 슬퍼도 했다 종이처럼 찢으며 괴롭게 부르다 목이 메는 한 송이 꽃, 꽃이 되기 위하여 다시 땅으로 숨어드는 꽃들에게 지금은 밤이 길지라도 한참 더 길지라도 절망의 말을 풀어놓는다

소나무 말뚝

땅에 박혀 장수한 소나무 말뚝이
흙을 물고 얼마나 오물거렸는지

육감만으로 충분히 해독될 수 있는 것은

상처 난 땅 꿰매면서
아버지의 절망 들었기 때문이다

바람의 파이터

소학생인 나는 배달처럼 저드래 후망재길 허공에 주먹 한 대 갈겼다 잠잠하던 야산에 처음 보는 기계톱이 푸른 산 다 잡아먹고 구릉구릉 불도저는 앞으로 밀고 뒤로 나무밑동 무수 뽑아내듯이 계단밭 만들어냈다 뼈 한 조각이라도 분실할까 조바심하며 이 집 저 집 초분이 포개지는 통에도 목재상의 돈다발과 떼 트럭이 뻔질나게 드나들어 동리가 발칵 뒤집혔다 살 일인지 죽을 일인지 혼절하다 어정쩡 묻히던 마을, 계단밭 은사시뿌리 싸리뿌리 쑥대 얼크러진 산중턱에 새마을회관 한 채 척 상엿집보다 쬐금 더 큰 공사 내었다 싸구려 티가 졸졸 나는 둘러앉아 회의는 고사하고 빗물에 씻긴 벽바닥은 조개껍데기가 하얗게 배달 주먹에 박살난 뼛조각처럼 해사의 일격이 격침되었다 침몰한 새마을추진위원회 몇 번이나 거들었는지 암흑의 성으로 서 있던 허장묘지, 투명한 몸에서 격양된 소리가 터져 나왔다 바람을 가르는 팔매질 한 방에 만화는 부록까지 넘어 닥쳤다 누구도 갈아 끼지 않던 그러고 보니 모래의 맑은 얼굴과 시멘트 배합이 뒤틀린 벽바닥에서 찢어진 벽보 물고 흐느끼던 돌멩이 소리가 갯바람의 일종으로 불던 집, 투명하게 더 투명하게 박살나던 바람 제

몸도 하얗게 부서질 수 있는지 바람벽으로 돌진하던 푸른 날의 다비식, 그만한 사리 던져본 적이 없다

띠집

멀리서 보면 영여만 한 곳집
낡은 초분이 영락없는 달구산 아래
단칸집 찾아가는 인적이라야
어쩌다 이장이나 반장
명절쯤 무섬 덜 타는 애들뿐이었다

막걸리 한 통 혼자 비우며 술기운에 하우가 지어준
보살할매 외따로
접골한
세간살이

서로 번갈아 짚고 나다니던 지팡이가 하나
정주간에 켜놓는 등잔도 하나
밥그릇은 바가지에 비벼 끼니마다 함께 뜨고
해는 하루네 서로 사이좋게 쓰다
달은 둘이서 잘 덮으며 잤다

집 앞에 복숭아꽃이 피면

빗자루 나무도 같이 너울너울 크면
할매는 복숭아 나뭇가지 꺾어 동쪽 하늘에다 빌고
할아배는 빗자루 나무 베서 땅바닥을 쓸었다

하늘땅 길 터논 그 집 움막에는
단번에 통으로 떨어질 수 있는 나팔꽃
합판화가 사립 타고 촘촘히 피었다
푸르른
토분살이

칭칭 감아서 그냥 풀처럼 살다 지고
풀로 엮어 살다 풀꽃인 듯 피어나고
일순 풀이 되었다 꽃이 되었다

남면막걸리

훅, 숨결 담아 마시는 아버지

한 사발 모시는데
묵은지 쪼가리와
고추장에 머리 박아 씹는 마늘쪽에도
예법을 다하고 계시다

오, 따뜻한 숨결

단내 나는 인생의 물음표에
반주 얹어
배알하고 물러나오다 만났다

튼튼히 박아둔 하늘의 별을 만났다

가득 슬은 별이 깨기까지
정정하시라 빌었다

단풍

오래전 찍은 사진이었다

쓸쓸한
가족들의 이름으로

첩첩 살아온
숨 막히는 시간들이었다

환희에 물든 얼굴들
가벼이 차버리지 말자

생가지 빈 액자에
귀산 그늘 한길 걸어둔다

고구마꽃

봄부터 뜯어내는 고구마 밭이 푸르다
작별하는 앞산이 쿵 무너지며
내 푸른 면적이 좁아지는 하루
노인들이 한 종일 무지른 것은
한 두둑

너는 몇 마디 푸른 줄기였던 것이냐

해설

참말로 '참말'하기에 대한 경이(驚異)

백인덕(시인)

1.

아무도 슬퍼하지도 염려하지도 않는 일이 있다. 세상에 끔찍한 사건이야 매일 다반사지만, 그래서 우리의 존속(存續)과 번영(繁榮)과는 아주 무관해 보이는 사실이 있다. 세계가 말 그대로 '세계화'를 부르짖으면서 사라진 언어가 수만 개에 이른다는 것이다. 대체로 표기할 문자를 획득하지 못한 구전(口傳) 언어가 대부분이지만, 문제는 정보를 빛의 속도로 주고받게 되면서부터 표기문자를 가진 언어조차 멸종의 위험에 적나라하게 노출되고 있다는 점이다. 주지의 사실이지만 입말의 멸종은 단순히 다른 방식으로 말할 수 있게 되었다는 것이 아니라, 정체성이 사라졌다는 것을 의미한다.

그렇게 말을 잃은 존재는 자기 정체성이라는 당대의 문제가 아니라 환경과 풍습, 역사의 고리에서 끊어져 마치 벼락 맞아 생겨난 존재처럼 아예 '고향'이 아니라 '고향에 대한 기억'조차 없는 떠돌이가 될 수밖에 없다.

정홍순 시인은 거의 집념에 가까운 의지로 시적 호불호(好不好), 즉 평판 따위에는 아예 귀를 닫아버리고 오로지 그의 '참말'을 사랑하는 자세로 시작(詩作)을 지속한다.

나는 고향 말을 신봉한다
내 귀에 새겨진 이름들이
나를 느끼며 살게 하는 혼령이시다
언어가 하나이던
시날 평지는 나와 상관이 없다
내 조상의 말, 짐승들을 부르고
산천초목을 부르고 신을 부르며 사는 말이
내게는 참말이다
가령 너무 슬픈 꽃이어서
꽃의 비녀 떼고
옥잠화를 옥자마로 불러도
나는 틀린 말을 믿는 것이다
하여 철목에 묻어와 귀화한 꽃을
망초, 개망초 하지만
내 고향에서는 신나는 나물이고

소의 밥이었다
할미초 또한
안달곶 얼크러진 시퍼런 물풀을
난 풍년초로 상속받는다
꽃가마 덩실거리던 궁샘
매끌매끌 퍼렇게 자라는 풀 헤치고
두레박 차게 길러
고수레, 고수레 풍년을 빈다
나의 판수여

—「풍년초」 전문

시인은 단호하다. “나는 고향 말을 신봉한다”고 명제적으로 선언한다. 무릇, 모든 명제는 일종의 진실을 내포하고 있어야만 한다. 즉 자기 전제를 자기가 참되게 만들어야 한다. 시인은 “내 귀에 새겨진 이름들이/나를 느끼며 살게 하는 혼령”이라고 근거를 댄다. ‘혼령’은 비사실적으로 느껴지지만 ‘내 귀에 새겨진 이름들’이기 때문에 그 어떤 논리적 귀결보다 강력하고 아름답다. ‘시날 평지’(구약에서 바빌론 탑을 쌓았다)는 세태를 비판하기 위해 사용한 비유인데 이 또한 적절하다. 이제 언어는 ‘표준어/지역어’의 구분을 넘어 하나의 코드(code)로 집중되고 있다. 디지털이라는 화려한 기술적 날개를 달고. 하지만 시인은 이를 결단코 거부하는 자세를 드러낸다. “내 조상의 말, 짐승들을 부르고/산천초목을 부르고 신을 부르며 사는 말이/내게는 참말이다"라고 오히려 '신봉'의 의미를 구체화한다. 누구는 여기서 언어의 원시성, 또는 작품의 끝 행에 등장하는 '판수'와 결합하여 시인이 샤먼적 성격을 지녔다고 오해할 수도 있을 것이다. 하지만 이런 오해조차 작품 가운데 '가렁' 이후에 예시로 사용된 '옥잠화', '할미꽃'의 용례를 보면 쉽게 해결할 수 있다. 오히려 이 작품에서 주목하게 되는 부분은 마지막 행 "나의 판수여"라는 호격 종결인데, '나의'라고 했으니 시인 자신일 리는 만무하고, '판수'는 사전적 도움이 좀 필요했다(충남 지방에서만 주로 사용된다는 것이 중요하다). 다만, 이 글에서는 시인의 이런 일종의 기획(企劃)이 매우 정당하고 필요한 것임에도 불구하고 많은 난관이 도사리고 있음을 시인 자신이 자각하고 있다는 정도로만 이해하기로 한다.

시인은 '참말'을 '신봉'하는 자신의 시작 방향을 작품을 통해 강력하게 드러낸다. 그렇다면 이번 시집은 결국 이런 시작 태도와 방향에 따라 제작, 구성되었을 것이다. 따라서 이 글은 정홍순 시인이 이번 시집에 풀어놓은 여러 양태들을 어설프게나마 갈래 묶으면서 그 특질들을 생각해보는 것이 나름 한 방편이 될 것이다.

천순이만이 빠뽕(밥봉) 독수리 둥지 염탐하며
보리수 가닥치던 곰섬(熊島)에 곰은 없다

납성이 신성(申城)에 원숭이도 없다
노간이(鹿)에 사슴도 없다
바람결에 백골로 싼 사구 길바닥
할미섬, 장구섬, 밖곰섬, 불태섬, 안곰섬
하얀 모래 낯바닥에 부비며
달랑게처럼 모래성 쌓아보지 않고는
메꽃처럼 피어보지 않고는
도마뱀처럼 달음박질쳐 보지 않고는
개미귀신처럼 숨어보지 않고는
사리 때 뭍으로 오르는 곰을 볼 수 없다
질마섬(鞍馬島)의 말을 볼 수는 없는 것이다
조금시라 해도 조급하지 마라
염전에 갯물이 소금꽃이 되듯이
짐승들로 해석(海石)이 되듯이 장구섬(長鼓島)이 두―웅
각시녀 엘레지 쳐내는 장단을 들어야 한다

―「곰섬」 부분

시인은 '사실'을 알고 있다. "곰섬(熊島)에 곰은 없"고, "신성(申城)에 원숭이도 없"고, "노간이(鹿)에 사슴도 없"고 심지어 "질마섬(鞍馬島)의 말을 볼 수"도 없다. 그러나 "장구섬(長鼓島)이 두―웅/각시녀 엘레지 쳐내는 장단을 들어야 한다"는 이 사실들에서 주목해야 하는 것은 있고 없음 같은 문제가 아니다. 또는 섬 이름, 즉 명사가 거느리게 되는 의미의 다양

성도 아니다. 그것은 제 일의적 감각인 시각을 넘어서 귀(청각)가 열리기까지의 시간이다. 일종의 기다림이다. 이 기다림은 "비틀어 눈을 트고 귀를 열어 해식의 노래/당신의 그늘만이 그늘에서만이/곰은 씰룩씰룩 백구지를 달릴 것이다" 즉 '눈을 트고 귀를' 여는 기다림, 그 결과로 갖게 되는 열린 마음(그늘)에서만 시인의 '참말'은 죽은 말이 아니라 살아 움직이는 말이 된다는 것을 고지(告知)한다.

2.

사랑은 대상에 따라 방법을 달리해야 한다. 자기 의지와 목적을 갖는 유기체 생명과 부단한 의미부여를 통해 거듭 살아나는 대상을 한 가지 방식으로 사랑하는 것은 거의 불가능에 가깝다. 정홍순 시인은 이번 시집에서 그의 사랑의 대상이 '참말', 아니 그것을 배양하고 또 거리낌 없이 살아 숨 쉬게 하는 특정 지역임을 명시한다. 충남 태안군 일대인데(지도를 펼쳐놓고 한참을 들여다볼 수밖에 없었다) 그냥 사랑한다는 마음 이상으로 적절한 방식을 스스로 발명해내고 있는 것으로 보인다.

이 사랑은 일정한 단계를 거칠 때 소망하는바 그대로 진면목을 드러내게 될 터인데, 축약하자면 '기억→복원→전승'이 선형적일 뿐만 아니라 순환적으로 이루어질 때 가장 바람직

한 결과에 가닿게 될 것이다. 정홍순 시인은 지역적 특성을 결정하는 요소인 지형, 풍습(인문적 환경), 역사에 남다른 애착과 함께 탁월한 기억의 힘을 보여준다.

> 그전부터 마(麻) 장사치들이 장시했다고
> 마근포(麻斤浦)라 부르다가 천연스레 물너울 막던
> 방파제라서 막음이라고 마금포라고도 했다가
> 도적떼들이 바다에 칼 갈아 훈련했다고
> 마검포라 부르는데 누가 알겠어만 흔하게
> 마근개로 갯바구니 들고 다녔으니
>
> —「해당화」 부분

포구의 이름 변천사를 상세히 들려준다. '마근포→마금포→마검포→마근개'로 지명 하나가 변하는 이유를 깔끔하게 정리해서 들려주는 것이다. 이런 유형의 작품으로는 「세평놀이」가 있는데 주석을 통해 그 의미를 명확하게 하고 있다.

다음으로 인문적 환경과 관련해서는 해학적인 작품을 보여준다. 「남면주재소」는 지역에서 전해 내려오는 "어허 그놈 참 목천이 닭 잡듯 허는구먼!"이라는 말의 일종의 고사(古事)를 밝힌 것인데, 의미심장하다.

> "여보오, 병아리 아부지 빨가벗고
> 왔다리 갔다리 하는 것 못 봤소?"

분명히 우리말을 한 것인데
기무라 앞에서 허벅지게 박장하던 그날
주재소 죽 그릇 핥은 놈은 없었다고
순사 앞에서 두 날개 펄쩍거렸던 닭과
기만의 포효를 널름 삼킨 날이 있었다

—「남면주재소」 부분

일제강점기 일종의 이주민이었던 '기무라(木村)'는 "분명히 우리말을 한" 것이지만, 그는 '참말'을 사용할 자격과 '눈이 틔고 귀가 열릴' 존재가 아니었다. 그래서 결국은 어처구니없는 짓을 하는 놈이라는 뜻의 말을 남기고 지역에서 사라져버린 것이다. 이런 사태는 일제강점기에만 있었던 것이 아닌데, 시인이 「계담, 귀가 먹다」에서 그려내는 모습이 기무라의 그것과 다르지 않다. 시인은 '새마을운동'이라는 기치 아래 농촌을 획일화하려 했던 유신정권에 대해 '계담' 즉 '닭쓸개'를 사용해 풍자의 한 칼을 날리고 있다. 작품 중간에 '동의보감' 내용과 '유신 선포'를 병렬 배치한 데서도 일종의 배치 효과가 드러나지만, 정작 중요한 것은 '참말' 아닌 것, 즉 '마이크 소리'에 오히려 삶이 피폐해진 상황을 적확하게 집어낼 수 있다는 점이 놀랍다. 시인의 섬세한 시선은 「도리깨질」과 「오산소(吳山所)와 양골소(梁骨所)」 같은 작품에서 더욱 빛을 발한다.

시인은 이제 그가 기억했던 것, 혹은 채집하고 연구했던 것들로부터 '참말'이 평범하게 일상을 줄 놓던 시절을 복원하고자 한다. 그것은 물론 개인적으로는 가장 아픈 가족사에서 출발하는 것이 마땅하다.

태어날 테면
쉰 살 나이 터울로는 아버지의 자식이 되지 말고
적어도 어머니의 쉰둥이는 되지 마라

늦된 농사
갈아엎던 폐농 때마다 술이 늘던 아버지
종자 뒤웅박이 텅텅 빌 때마다
뿌리까지 쏟아져 이빨주머니 배불러 차던 어머니

천리 밖 동부꽃이 피면
동부 없어 밥하는 어매 생각에 울지 않으랴
갯둑 이슬치는 풀이 퍼렇게 자라 오르면
깔 짐 지는 허리 굽은 아배 낫질 슬프지 않으랴

천륜의 강이 고비지게 넓어도 원통하고
눈물 같은 강에서는 울림 한통 서럽다 무덤 되고

함부로 밟지도 못하겠더라

—「노작」 전문

시인은 고향을 떠나 모어(母語)를 벗어났을 때, 고향을 회복하는 시인이 된다고 한 사람도 있었다. 또 어떤 이는 '말을 하는 것은 언어이다, 인간이 아니다'라고 선언하기도 했다. 따지고 들면, 나름 다 자기 명제에 진실했을 것이므로 문제가 되지는 않을 것이다. 오히려 걱정스러운 것은 직접적으로 부모에게서 물려받은 말을 사용할 때, 그 참 가치를 훼손하려는 시도들이다. '참말'은 시인 자신의 의지로 형성될 수 없다. 그것은 불가피하게 고향에서 태어나고 성장하고 고뇌하며 찾아낸 것이다. 너무 쉽게 자기 말은 버리는, 또는 어떤 목적에 의해 자기 정체성이 보편화하는 것을 훼손하는 이런 시대에는 더욱 그렇다. 시인에게 '아버지와 어머니'에 대한 기억은 복원해야 할 최초의 그것이다. 왜냐하면, 그렇게 삶이 시작되었고, 또 그 품을 확장하면서 삶이 지속될 것이고, 그 확장과 지속이 있어야만 시인의 '참말'도 살아있는 것이기 때문이다. "천륜의 강이 고비지게 넓어도 원통하고/눈물 같은 강에서는 울림 한통 서럽다 무덤 되고//함부로 밟지도 못하겠더라"라는 심경이 아니 시적 자세가 이번 시집의 진실성을 일정 부분 담보한다.

3.

사랑의 한 단계로 복원(restoration)을 위해서는 기록해두는 것도 큰 도움이 된다. 이번 시집의 경우 「당암포구」에 들어 있는 "숙부는 내포좌경굿 무형문화재(충청남도 무형문화재 제49호 내포앉은굿 보유자 정종호 법사(2013. 12. 1. 지정)"는 말할 것도 없고, "한통 김 빈손으로 돌아온 아버지/억장이 무너져 내리지만/흙손 들고 발라 논 황토벽만은/대오리에 짱짱할 거라 선방하는 아버지에게/따뜻한 김국으로 달래는 어머니/대한 추위도 골무 하나로 기워나갔다"(「누비」)에 덧댄 '황도붕기풍어제: 충청남도 무형문화제 제12호' 등이 이를 반증한다.

정홍순 시인의 이번 시집은 '지역→장소→거처'로서의 '고향'의 의미를 새롭게 해주었다. 이미지의 편린(片鱗)이거나 서술을 완성하지 못하는 언어(말)로서의 고향이 아니라 살아 있었고, 현재도 살아 변화하며, 그렇게 변하면서 지속하게 될 생명으로서의 고향을 되살려주었다. 살아있게 될 것이란 믿음은 일정 부분 누군가가 본래의 모습으로 돌아갔다는 상실에서 비롯한다. 시인은 이를 부모를 벗어나 「판목나루」의 "묵아, 오리다리도 부러진다는 저 힘센 물살에/너의 청춘은 정말 귀가 먹었다니/소리를 뱉어라 이 망할 놈아"라고 부르는 '묵아', 「느르섬에 풀어진 노래」의 폐병쟁이, "네가 남긴 싸구려 노랫가락 한 자투리가/비릿한 지린내로 수문들에 풀풀거리는 밤"을 맛보게 하는 '능교', 「입춘부고」의 '쉰둘에 쓰러진 너' 등을 호명하며 완성한다. 「간식놀이」와 「눈깔사탕」의 추억이 아련하고 따뜻하면서도 비극적인 정조를 자아내지만, 상실은 또 다른 꿈으로 대체된다. 바로 이런 속성이 시의 비정성일지도 모른다.

정홍순 시인은 알고 있을 것이다. 이 상실에의 자각이 '전승'을 꿈꾸게 한다. 전승이란 있는 그대로를 물려주는 기계적 인계(引繼)가 아니다. 자기가 발견한 의미와 후대에 나름의 의미로 생장할 가능성을 함께 공유하면서 건네는 것이다.

여기서 한 가지 주의해야 할 점이 있다면, '거처'를 특정한 장소로 규정하는 시각이다. 물론 '거처'란 장소 중에서도 상대적으로 소수의 인원이 생활을 함께하는 곳으로 지시될 수 있지만 이 지시적 의미를 벗어나면 거처는 모여 정체성이 확립되고, 확인되는 모든 장소라고 할 수 있다. 즉 나를 '그곳의 나', 나아가 '그곳의 너', 결국 '그곳의 우리'로 만드는 모든 지점은 장소가 아니라 거처라는 것이다. 시인은 이를 '농로'를 통해 보여준다.

구들장 빼내 무너진 농로
석축으로 썼다는 말이
고향 누가 죽었다는 말만큼이나
아픈 부고다

아버지 환도에 핀 구들의 꽃
식어버린 방고래
난방 평수가 계산이 된다
바람에 문질러 늙은
돌배나무가 피운
꽃의 무게가 그러하듯이
아버지가 놓은 구들의 연식이 짚어진다
구들장 져 나르던 길바닥
드르니 애들이 책 보따리 메고
모락모락 다녔다
발바닥에 돌독 피어
절름절름 울어 배운 공부
불더미에도 주저앉지 않고 훈훈할
친구들의 안부가 사르르 고프다

—「구들장」 전문

그렇지 않은가, 참말이 아무 위계나 경계 없이 열린 마음에 들고나는 곳은 '참사람'들이 사는 곳이다. 거기는 "구들장을 빼내 무너진 농로/석축으로" 쓴 어이없는 당신이 있었던 곳이고, 그랬기에 "드르니 애들이 책 보따리 메고/모락모락 다"닐 수 있었다. 그걸 바라보는 시인의 눈엔 "바람에 문질러 늙은/돌배나무가 피운/꽃의 무게가 그러하듯이" 아버지가 구들장을 빼놓은 농로의 무게가 같다. 그래서 이제 내가 "불더미에도 주저앉지" 않고 '친구'들과 함께 걸어갈 길이 놓인 것이다. 정홍순 시인의 시작(詩作) 방향은 바로 그 '구들장'에서 비롯되었음을, 이 시집을 읽은 이라면 아마 눈치챘을 것이다. 지난한 그의 시작(詩作)과 그의 '참말'에 찬사를 보내는 바이다.

이 도서의 국립중앙도서관 출판시도서목록(CIP)은 서지정보유통지원시스템 홈페이지(http://seoji.nl.go.kr)와 국가자료공동목록시스템(http://www.nl.go.kr/kolisnet)에서 이용하실 수 있습니다.(CIP제어번호: CIP2017021817)

시인동네 시인선 078

물소리를 밟다

초판 1쇄 인쇄 2017년 8월 17일
초판 1쇄 발행 2017년 8월 24일

지은이 정홍순
펴낸이 고영
책임편집 서윤후
디자인 혜이존
펴낸곳 문학의전당
출판등록 제2017-000002호
주소 서울시 마포구 마포대로 11길 91, 3층
전화 02-852-1977 팩스 02-852-1978
전자우편 sbpoem@naver.com

ISBN 979-11-5896-335-4 03810